Dublin

Text: Richard Killeen
Übersetzung: Beatrice's Translation Services
Photographie: Neil Sutherland
Zusätzliche Photographie (Seiten 34–5 mit Ausnahme
von Seite 34 unten links): Inpho, Dublin
Redaktion: Fleur Robertson
Gestaltung: Louise Clements
Herstellung: Neil Randles, Ruth Arthur

Publiziert in Irland bei
Gill & Macmillan Ltd
Goldenbridge, Dublin 8
mit angeschlossenen Verlagen in aller Welt

ISBN 0 7171 2703 6

CLB 5047
© CLB International, a division of
Quadrillion Publishing Limited
Godalming, Surrey

Dublin

GILL & MACMILLAN

Straßenbilder

Dublin entwickelte sich nacheinander von einem Wikinger Handelszentrum über ein kleines mittelalterliches Verwaltungszentrum, eine erweiterte und selstbewußte Georgian City und einen in Verfall geratenen Mittelpunkt des Victorianischen Handels zur wachsenden Hauptstadt des freien Irlands. Diese verschiedenen historischen Funktionen haben ihre Spuren auf den Straßen der Stadt hinterlassen. Die berühmtesten Straßenbilder sind die der Georgian City, im Zusammenhang mit ihrer prächtigen architektonischen Einheit, ihrer Geschicklichkeit, ihrem warmen Mauerwerk, ihren halbrunden Fenstern und Fenstereinteilungen. Aber die kleinen Straßen die sich um das Castle und in der Nähe von Christchurch befinden erinnern daran, daß sich das Zentrum der ursprünglichen Stadt hier befand. Von den Wikingerstraßen verbleiben keine, aber der Wirrwar und die kurvenreiche Struktur der mittelalterlichen Straßen überleben noch in dieser Gegend. Der Mittelpunkt der modernen Richtung befindet sich auf der Südseite. College Green (**1**), beherrscht von der im 18. Jahrhundert erbauten Bank of Ireland, und die Westfassade des Trinity College, prägen das zweckmäßige Herz der City. Grafton Street (**2**), die davon abführt ist die bedeutendste upmarket Geschäftsstraße. Das Standbild der Molly Malone (**3**), von den Dublinern 'the tart with the cart' genannt, befindet sich auf der Kreuzung mit Suffolk Street. Die O'Connell Street (**4**) mußte im Wesentlichen in den '20iger Jahren restauriert werden, nach der Zerstörung verursacht durch den Aufstand 1916 und den kurzen Bürgerkrieg von 1922-23.

4

1

O'Connell Street

Als sich die Nordseite der City im frühen Georgian Zeitalter entwickelte, wurde die heutige O'Connell Street (**1**) als Drogheda Lane, nach dem Grundbesitzer und Förderer, Lord Drogheda, benannt, angelegt. Sie war noch immer eine unwesentliche Durchgangsstraße zur Stadtmitte. Doch als das neue Parlamentsgebäude (heute die Bank of Ireland) am College Green seine Tore öffnete, erwies sich Drogheda Lane plötzlich als die direkte Route von der noch immer modischen Nordseite zum Parlament. Später wurde sie erweitert zu ihrer nheutigen eindrucksvollen Breite, und auf Sackville Street, nach dem damaligen Lord Lieutenant of Ireland, umbenannt. Noch später wurde die O'Connell Bridge (**2**) auf die jetzige Breite vergrößert - der gleichen wie die Straße selbst. Inzwischen wurden sowohl Straße wie auch Brücke nach dem großen Daniel O'Connell, dem Befreier und Vater des irischen Nationalismus, umbenannt. Am südlichen Zugang zur Straße, direkt neben der Brücke, gebietet die Statue of O'Connell (**3**), von dem viktorianischen Bildhauer John Henry Foley modelliert, unsere Aufmerksamkeit. Weithin sichtbar ist das General Post Office (GPO) (**4**), das Hauptquartier der rebellischen Truppen während des Aufstandes 1916. Ein großer Teil der Straße wurde in dem Aufstand zerstört, und nochmals während des Bürgerkrieges, der auf die Gründung des unabhängigen irischen Staates im Jahre 1922 folgte. Seitdem wurde sie in einer guten Auslese von verschieden Stilen wieder aufgebaut.

3   1

Architektur

Dublin ist hauptsächlich eine Georgian City. Das prächtige Gebäude der Stadt, das Customs House (**1**), ist nicht nur die höchste architektonische Leistung des klassischen Alters sondern dient auch zu Handels- und Marinezwecken. Sein Architekt, James Gandon, hat ebenfalls die Four Courts (**2**) entworfen. Die Bank of Ireland (**3**) am College Green war ursprünglich das irische Parlamentsgebäude. Das Georgian Dublin (**umseitig 5**) entstand durch öffentliche Planung. Die durch den parlamentarischen Akt von 1757 bestimmten Wide Streets Kommissionäre schufen die offennen Gelände, auf denen Architekten und Bauunternehmer zur Entfaltung kommen konnten. Deren Erbe ist hauptsächlich ersichtlich in Dublins Mitte innerhalb der zwei Kanäle, sogar in der verhältnismäßig verkommenen Nordseite, und trotz der vielen Victorianischen und modernen Ergänzungen. Eine der schönsten hiervon ist das International Financial Services Centre (**umseitig 4**) auf den Nordkais direkt unterhalb des Customs Hauses.

2

3

1

Anlagen & Gärten

3

4

Im Stadtzentrum gibt es nur zwei Anlagen von Bedeutung, von denen keine besonders groß ist. Das St. Stephen's Green (**1, 2**) wurde zuerst im Jahre 1880 als öffentlicher Park angelegt, und nimmt in den Herzen der Dubliner einen besonderen Platz ein. Dagegen wurde der Park in der Mitte vom Merrion Square (**3**) erst 1974 der Öffentlichkeit übergeben. Nicht so zentral wie das St. Stephen's Green gelegen - obwohl wirklich nur um die Ecke davon - ist er Vorbild einer intelligent-geplanten städtischen Anlage. Doch wenn die Dubliner von dem Park sprechen, meinen sie den Phoenix Park (**umseitig**) und nichts anderes. Am westlichen Stadtrand gelegen, rühmt er sich, der größte öffentliche von städtischen Grenzen eingeschlossen Park Europas zu sein. Er enthält den Dubliner Zoo, Aras an Uachtarain (offizieller Wohnsitz der irischen Präsidentin), einen Poloplatz, zwei Kricket Klubs, die Ämter der Vermessungsbehörde, den Wohnsitz des amerikanischen Botschafters, Ashtown Castle, ein altes Munitionsfort, eine ausgezeichnete Hirschherde die am saftigen Gras zufrieden weidet, öffentliche Spielfelder in reichlichen Mengen und das Wellington Monument - ein riesiges Denkmal aus Granit, das das Andenken an den Sieger der Schlacht von Waterloo, einen gebürtigen Dubliner, feiert. Zuletzt, der Garden of Remembrance (**4**) in Parnell Square, der auf 1966, dem goldenen Jubiläum des Aufstandes 1916, zurückgeht.

1

Die National Botanic Gardens (**auf diesen Seiten**) in Glasnevin, sind sehr sehenswert. Im Jahre 1795 von der Royal Dublin Society gegründet und 1878 vom Staat übernommen, erstrecken sich die Anlagen über ca. 20 Hektar und enthalten herrliche Pflanzen-, Bäume- und Sträuchersammlungen, sorgfältig und wissenschaftlich gruppiert; noch viele seltene Pflanzen befinden sich unter Glas.

Pubs

In den letzten Jahren ist das irische Pub ein Designer-gegenstand geworden. Nachahmungen des echten Artikels werden seit einiger Zeit in Städten auf der ganzen Welt eröffnet. Diese Einrichtungen werden normalerweise nach einer Formel, die sich dem Bild eines traditionellen Pubs anpaßt, erbaut. Jedoch ist die bewußte Tradition nicht viel älter als ein Jahrhundert. Während Dublin schon immer berühmt für seinen Reichtum an Tavernen war, ist das, was wir als traditionelle Pub ansehen, eine Erfindung des 19. Jahrhunderts, wie ein nur kurzer Blick auf die Einrichtungen in allen der berühmtesten Bars bestätigt. Wir alle haben unsere Favoriten. Für mich ist es Ryan's of Parkgate Street (**1**), das - meinem Argument Gewicht verleihend - von 1896 stammt. Es sieht heute fast so aus wie damals. Doheny & Nesbitt's (**2**) in Merrion Row, Toner's (**umseitig 3**) der Straße davon gegenüber, Mulligan's (**umseitig 4**) in Poolbeg Street, der Brazen Head (**umseitig 5**) in Bridge Street und der Stag's Head in einer Seitenstraße von Exchequer Street ab, sind weitere Pubs die gewöhnlich ehrenwerte Erwähnung in Dubliner Pubverzeichnissen finden.

1

2

3

4

5

Kirchen

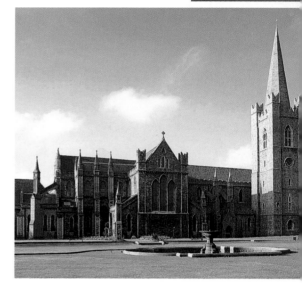

2   1

Die Partnerkathedralen Christchurch (**1**) und St. Patrick's (**2, 3**) befinden sich weniger als einen Kilometer von einander entfernt im Herzen von Altdublin. Als die zwei wichtigsten Kirchen in der Hauptstadt zur Zeit der Reformation, gingen sie in den Besitz der Anglikanischen Kirche über. Somit hat eine Stadt, deren Bevölkerung überwiegend katholisch ist, zwei protestantische Kathedralen und nicht eine einzige katholische. Die Hauptkirche der katholischen Erzdiozöse ist die Prokathedrale in Marlborough Street, die zu Beginn des 19. Jahrhunders erbaut wurde. Es gibt viele schöne Kirchen von beiden Denominationen. Die meisten Gebäude der Church of Ireland sind klein im Vergleich zu denen der katholischen Kirche, was den Unterschied in der Größe der jeweiligen Gemeinden widerspiegelt. Zu den schönsten Kirchen zählen St. Anne's (**4**) in Dawson Street und St. Stephen's (**umseitig 5**) am Mount St. Crescent, gemeinhin bekannt als die Peppercanister Church aufgrund der verlängerten Kuppel. Die katholische Kirchen sind zumeist neogotische Gebäude aus dem 19. Jahrhundert stammend, welches die seinerzeit wachsende Macht des irischen Katholizismus widerspiegelt. Die University Church (**umseitig 6**) am St. Stephen's Green ist eine kleine aber auserlesene neubyzantische Ausgelassenheit, die aus dem 19. Jahrhundert stammt. Findlater's Church (**umseitig 7**) ist nach der presbyterianischen Lebensmittelhändlerfamilie, von der sie gestiftet wurde, benannt. Sie beherrscht die Ecke North Frederick Street und Parnell Square.

3

5

6

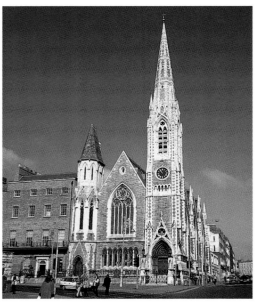

7

Trinity College

Das College der heiligen und ungeteilten Dreifaltigkeit reicht bis zum Jahr 1592 zurück, und wurde, nach dem Wortlaut seiner Verfassungsurkunde, zur Förderung der Sache 'des Wissens, der Kultur, und der wahren Religion', gegründet. Es war das geistige Kraftwerk der irischen Reformation. Von der ursprünglichen Gründung besteht heute nichts mehr. Die ältesten Gebäude auf dem modernen Kampus sind die Rubriks (**umseitig 4**) aus dem ersten Jahrzehnt des 18. Jahrhunderts. Die ausgezeichnete alte Bibliothek (**1**) von Thomas Burgh - die das Book of Kells beherbergt - stammt aus dem Jahr 1712, obwohl die tonnengewölbte Holzdecke eine Ergänzung des 19. Jahrhunderts ist. Die Westseite des Trinity College (**2**), die zum College Green hinausgeht, wurde im Jahr 1759 erbaut, die meisten Gebäude auf dem vorderen Platz in den unmittelbar nachfolgenden Generationen. Der Kampanile (**umseitig 3**) stammt aus dem Jahr 1852. Eine Dubliner Legende behauptet daß er jedesmal wenn eine Jungfrau darunter her geht sinkt, und daß er seit dem Jahre 1909 zur ruhe gekommen sei. Im 19. Jahrhundert wurde auch das erste Graduates Memorial Building und das eindrucksvolle Museum Building in New Square gebaut. Das 20. Jahrhundert hat zu einer ausgezeichten neuen Bibliothek und einem Gebäude für Geisteswissenschaften beigetragen.

1

2

3 4

Museen & Bibliotheken

Auf der einen Seite des Leinster Hauses befindet sich die National Galerie und auf der anderen das Natural History Museum (**1**), mit der Fassade zum südlichen Teil vom Merrion Square. Es enthält viele erstaunliche Ausstellungsstücke, nicht zuletzt das komplette Skelett eines irischen Elchs. Auf der anderen Seite vom Leinster House, in Kildare Street, befinden sich zwei gleichartige Gabäude, die es flankieren. Das National Museum (**2**) beherbergt eine wundervolle Sammlung irischer Antiquitäten; gegenüber liegt die National Library (**3**). Ihr kreisförmiger Leseraum ist eine wahre Freude. Unweit der Hugh Lane Galerie am Parnell Square befindet sich das Irish Writers' Museum (**4**), in dem das große literarische Erbe Irlands geehrt wird. Schließlich übersehen Sie nicht Marsh's Library (**5**), neben St. Patrick's Cathedral, die älteste öffentliche Bibliothek in Irland. Sie geht auf das Jahr 1707 zurück.

1

4

2

5

4

Galerien

3

1

Die National Gallery of Ireland (**1, 2**) befindet sich auf Merrion Square. Vor Kurzem renoviert, enthält sie eine hervorragende Sammlung von italienischen, französischen, spanischen und holländischen Werken. Wie man erwarten würde, beherbergt sie auch eine umfangreiche Sammlung von Gemälden irischer Künstler. Sie ist ein beliebter Ort für Solistenkonzerte und Vorträge und enthält ein prächtiges Büchergeschäft. Ebenfalls sehenswert sind zwei weitere Galerien, die Hugh Lane Municipal Gallery (**3**) in Parnell Square und das Irish Museum of Modern Art (**4**) im Royal Hospital, Kilmainham; beide konzentrieren sich auf Skupturen und Gemälden des 20. Jahrhunderts. Die Hugh Lane Galerie befindet sich in einem herrlichen Stadthaus das für den Earl of Charlemont im 18. Jahrhundert entworfen wurde. Sie wurde nach dem Händler und Sammler Hugh Lane, einem Neffen der Lady Gregory, deren Erbe an impressionistischen Meisterwerken den Kern der Sammlung bildet, benannt. Das IMMA entwickelt fortwährend seine wachsende Sammlung. Zu den kleineren Galerien gehört die RHA Gallagher Gallery (**5**) in Ely Place, die die jährliche Royal Hibernian Academy Ausstellung beherbergt.

2

5

Sport

3

Reisende aus dem Ausland sollten auf alle Fälle den Croke Park, Hauptquartier der Gaelic Athletic Association, besuchen. Die GAA ist die größte sportliche Körperschaft im Land und ist verantwortlich für das Spielen und die Förderung von Gaelic Games, von denen Hurling und Gaelic Football (1) die populärsten sind. Sicher ist Gaelic Fußball bei weitem die größte sportliche Attraktion in Irland. Eigentlich ist es kein traditionelles Spiel, sondern wurde erst gegen Ende des 19. Jahrhunders erfunden als klare irische Alternative zum Soccer Fußball und Rugby. Dagegen ist Hurling (2) schon uralt und man sollte es auf jeden Fall erleben. Dies ist eines der besten Spiele der Welt, unglaublich geschickt und blitzschnell. Obwohl eine Anzahl Rennplätze unweit der City gelegen sind, befindet sich nur einer - Leopardstown (3) im südlichen Vorort - tatsächlich in Dublin selbst. Eine riesige Anzahl Iren spielt Soccer, aber die einheimische National League findet nur wenige Anhänger und wird von der englischen Premiership League, die auch leicht am Fernsehen zu verfolgen ist, in den Schatten gestellt. Rugby (4) ist vorwiegend ein Sport der Mittelklassen. Die beiden internationalen auf eigenem Platz stattfindenden Spiele in den Five Nations Championship sind große gesellschaftliche Anlässe mitten im Winter. Auf dem Land befinden sich hervorragende Golfplätze, von denen Portmarnock (5), nördlich der City, der beste ist; und die Dubliner Bucht bietet gute Segelmöglichkeiten.

1

2

4

5

QUAYS
UNIQUE PUB

QUAYS BAR

5

Temple Bar

Der größte Teil des heutigen Temple Bar Bezirks steht auf ursprünglich trockengelegtem Land. Zu Beginn des 18. Jahrhunderts befand sich hier Dublins Hafenbezirk. Die Gegend verkümmerte jedoch, als der Hafen zur Flußmündung hin verlegt wurde. Noch vor zwanzig Jahren war sie vernachlässigt und schäbig. Heute ist Temple Bar (1, 4) die Verkörperung des Neuen Dublin. Ein intelligentes Gemisch aus öffentlichen und privaten Entwicklungen hat den Bezirk zum Mittelpunkt des gesellschaftlichen und künstlerischen Lebens der City verwandelt. Galerien (2), Kunstgewerbegeschäfte, Cafés, Restaurants, Büchergeschäfte, Pubs und allerelei andere kleine und ausgefallene Geschäfte befinden sich in dem engen Straßengewirr das sich zwischen den Südkais und der Dame Street schlängelt. All dies wird von der gewaltigen und imposanten Central Bank (3) überragt. Man darf nicht die Ark (5) übergehen, das einzige Theater in Europa das speziell für Kinder erbaut wurde. Es besitzt eine Wendebühne, so daß, je nach Wetter, Vorführungen im Hause oder draußen stattfinden können.

Theater

Das Dublin des 18. Jahrhunders führte ein reges Theaterleben, mit Schauspielhäusern in Smock Alley und Crow Street, und nicht zuletzt zu erwähnen ist die Music Hall in Fishamble Street, wo die Uraufführung von Händels Messiahs am 13. April 1742 vom Komponisten selbst dirigiert, stattfand. Jährlich genießt ein begeistertes Publikum am Jahrestag eine im Freien auf dem gleichen Platz gehaltene Aufführung des großen Oratoriums. Wie so vieles andere schwand das Theaterleben im Victorianischen Dublin, aber das Wiederaufleben der Musikhallen im späteren Teil des Jahrhunderts hat uns zwei der populärsten Theater der City, The Gaiety (1871) (**1**) und The Olympia (1888) (**2**), belassen. The Abbey (**3**), Irlands Nationaltheater, wurde 1904 gegründet und begann seine oft umstrittene Kariere mit Synges *Playboy of the Western World*, ein frühes *Succes de Scandale*. Diese Tradition wurde in der nächsten Generation durch Sean O'Casey aufrechterhalten. In der näheren Vergangenheit sind die Schauspiele Brien Friels vom Abbey aus weltweit zur Aufführung gekommen. Das kleinere Gate Theatre (**4**) auf Cavendish Row wurde für die Aufführung moderner europäischer und amerikanischer Werke gegründet, und ist ein ausgezeichneter Interpret der Werke Becketts.

2

STALLS OLYMPIA BOXES

LATE SHOWS at the OLYMPIA THEATRE

FRI. 9th MAY BLACK UHURU | BRILLIANT TREES | FRI. 16th MAY KiLA | SAT. 17th MAY THE COMMITTED
FRI. 23th MAY THE | SAT. 24th | FRI. 30th | SAT. 31st

3

BRENDAN O'CARROLL
Grandad's Sure Lilly's Still Alive
GAIETY THEATRE
OPEN MONDAY 30TH JUNE 1997
BOOKING: (01) 677 1717

1

4

Sitze der Macht

E inst das Symbol von überwältigender britischer Macht in Irland, besteht Dublin Castle (**1**) aus einigen herrlichen Gebäuden aus dem 18. Jahrhundert. Beim Osteraufstand 1916 fiel es beinahe in die Hände der Rebellen, die einfach nicht glauben konnten, daß die Verteidigung so minimal war, zu so einem mächtigen Symbol war das Castle geworden. Heute vertritt es eine andere Art Macht. Es ist das Hauptquartier der Revenue Commissioners, dem irischen Steueramt. Als die Briten 1922 das Land verließen, richtete der neue irische Staat sein Parlament im Leinster House (**2**), Kildare Street, ein. Es wurde ursprünglich im Jahr 1745 als Stadthaus für den Duke of Leinster gebaut. Government Buildings (**3**) am Merrion Square, ganz in der Nähe - Ende der 1980'er Jahre hervorragend renoviert und eingerichtet - diente ursprünglich als Royal College der Naturwissenschaften.

2

3

1

Wasserstraßen

2

D er Fluß Liffey (**1**) bestimmte die Lage und Weiterentwicklung Dublins. In den vor-Wikinger Tagen befandt sich hier ein Fort in dem Ware getauscht oder verkauft werden konnte und wo Überseehändler landen konnten. Die Wikinger machten aus diesen Einrichtungen einen Dauerzustand, und wählten diesen Ort, in der Nähe des heutigen Four Courts (**2**) Gebäudes, als ihr Haupthandelszentrum an der Ostküste, mit leichtem Zugang nach Britanien und zur Isle of Man. Der irische Name Abhainn na Life bedeutete einfach Fluß Liffey, wurde aber anglisiert als Anna Liffey. So erhielt der Fluß seinen zweideutigen und romantischen Vornamen, der in dem Smurfit Fountain in O'Connell Street (**umseitig 3**) kommemoriert wird. Dieser Brunnen stellt eine mythische ausgestreckte Anna dar, im Volksmund als die 'Floozie in the Jacuzzi' bekannt. Der Liffey hat weiterhin bedeutenden Einfluß, bis heute ist der Dubliner Hafen ein wichtiger wirtschaftlicher Faktor. Dagegen sind der Royal Canal und der Grand Canal (**umseitig 4**) nur noch von geringerer Bedeutung. Am Ende des 18. und Anfang 19. Jahrhunderts gebaut, schließen sie praktisch die klassische City zwischen sich ein, doch ihr wirtschaftlicher *raison d'etre* wurde durch die Entwicklung der Eisenbahnen bald ersetzt.

Guinness

Die im Jahre 1759 durch den eponymen Arthur Guinness gegründete große Brauerei am St. James Gate (**3, 4**) ist seither eine Dubliner Einrichtung. Das vordere Tor (**1**) kündet ihr Alter. Der charakteristische Zwiebelturm (**2**) ist das Überbleibsel einer alten Windmühle. Das einzigartige hier hergestellte Produkt - das schwarze, cremeköpfige doppelstarke Stout, das jeder echte Ire im Ausland wie einen Geliebten vermißt - ist jetzt nicht nur mit der City, sondern mit dem ganzen Land, synonym. Man beachte jedoch, es ist eine launenhafte Diva, dieses Getränk. Es muß gehörig gelagert und die Temperatur unter Kontrolle gehalten werden. Wenn diese beide Bedingungen nicht erfüllt sind, wird Ihr Pint höchstwahrscheinlich eine Enttäuschung sein, und Sie werden sich wundern warum man soviel Aufhebens darum machte. Aber wenn Sie nur ein wirklich gutes Pint genossen haben, werden Sie in die Lobeschöre für Onkel Arthurs Nektar einstimmen. Und wirklich müssen Sie für den wahren Geschmack von gutem Guinness nach Irland kommen, denn die Dame reist nicht gut, trotz der besten Bemühungen durch die Chemiker der Brauerei. Ich habe passables Guinness in England und Amerika getrunken, aber obwohl es mit der Zeit besser wird, kann man es nicht mit dem wahren Artikel vergleichen. Slainte!

Georgian Dublin

Georgian ist leicht zu definieren. Es ist das Zeitalter von 1714 bis 1830, unter der Regierung der vier aufeinanderfolgenden englischen Könige dieses Namens. Es ist auch die Periode, in der Dublin sich über seine mittelalterlichen Grenzen auf dem Hügel nahe Christchurch und dem Castle nach Osten hinaus auf beiden Seiten des Flusses ausdehnte. Doch als der Duke of Leinster im Jahre 1745 sein Stadthaus auf der heutigen Kildare Street baute, bemerkte er ganz ruhig, daß jeder seiner Führung folgen würde, und so geschah es seitdem. Die Nordseite geriet in Verfall. Auf der Südseite, nämlich, an den Merrion (**1, 2, umseitig 3**) und Fitzwilliam Squares (**umseitig 4**) und den sie umgebenden Straßen sehen wir die Georgian City in ihrem prächtigsten Kleid. Spuren des Georgian Stils verblieben in Dublins Architektur bis zur zweiten Hälfte des 19. Jahrhunderts. Es ist diese Einmaligkeit, die das Georgian Dublin so hervorhebt, eine charakteristische Variante gegenüber dem vorherrschenden internationalen Stil.

1

2

4

3

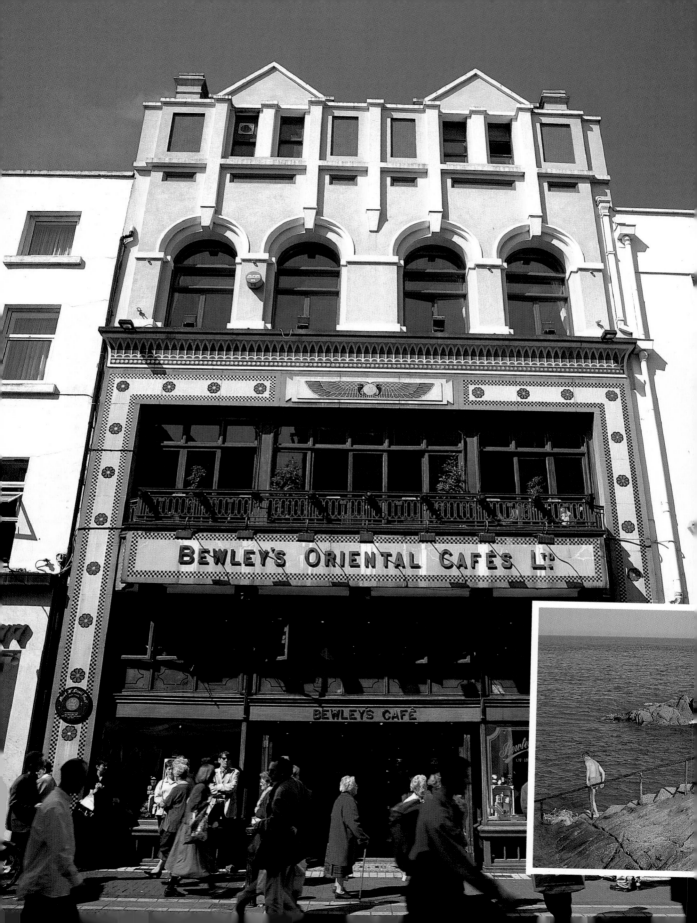

Dubliners Dublin

Das Shelbourne Hotel (**1**) am St. Stephen's Green, seit vielen Jahren eine Dubliner Einrichtung von hohem Ansehen, ist wahrscheinlich immer noch die beste Adresse in Dublin. Es begann sein Leben im 18. Jahrhundert als Kutschenhalt, ist aber längst zu einem der Mittelpunkte des gesellschatlichen Lebens der City geworden. Zwei lukullische Erfahrungen sollten nicht verpaßt werden. Jedes einzelne der Bewley's Oriental Cafés ist einen Besuch wert, um zu beobachten, wie sich die Dubliner dort bei Milchbrötchen und Kaffee entspannen und tratschen in einer Atmosphäre, die so einmalig ist, wie die in einem guten Dubliner Pub. Bewley's of Grafton Street (**2**) ist genau der Ort wo man sich nach einem ermüdenden Einkaufsmorgen wieder fangen kann. Weitere Filialen befinden sich in Westmoreland Street und South Great Georges Street. Wenn es um Fisch und Pommes Frites geht, besuchen Sie das winzige Geschäft von Leo Burdock (**3**) auf der Werburgh Street, den besten Platz in der Stadt für ein 'one and one'. Herren ist es erlaubt, nackt in dem Forty Foot (**4**) zu baden, gerade unter dem Joyce's Tower in Sandycove. Traditionsgemäß waren Frauen davon ausgeschlossen, aber der Feminismus hat diesem alten Unsinn ein Ende bereitet. Und schließlich achten Sie auf die scharfsichtigen Traffic Wardens – ohne die Parkinspektoren wäre Dublin nicht das selbe!

Rund um Dublin Bay

1

D ublin liegt am Liffey, der in den weiten Halbkreis der Bucht einmündet. Sie bietet ein herrliches Milieu, durch die Dubliner und Wicklow Berge zum Süden im Hintergrund ergänzt. Dublin Bay mit seiner dramatischen Kontour bildet aber keinen natürlichen Hafen, und dieses verursachte den Stadtbehörden jahrhundertelang Probleme. Endlose Baggerarbeiten waren erforderlich, um überhaupt eine Fahrrinne für den Schiffsverkehr flußaufwärts zu schaffen. Das Problem wurde schließlich durch den zweckmäßigen Bau der großen South Wall (1761-95) (**1**) und der Bull Wall (1819-24) gelöst. Diese beiden Arme, die in die Bucht herausragten, zwangen die Gezeiten in ihren Zwischenraum hinein und erwirkten somit eine natürliche Fegung der Fahrrinne. Hieraus entwickelte sich der moderne Hafen. Auf der Nordseite der Bucht entwickelte sich das hübsche Fischerdorf Howth (**2**) zu einer modischen Vorstadt. Dun Laoghaire auf der Südseite ist ein Fährhafen, und ein Spaziergang auf der Hafenmauer (**umseitig 3**) ein beliebter Zeitvertreib. Direkt südlich von Dun Laoghaire liegt Killiney Bay (**umseitig**) - genau genommen gehört sie nicht zur Dublin Bay selbst - die einen dramatischen Anblick vom nahen Killiney Hill bietet.

2

3

Die Wicklow Berge

Fahren Sie durch die Nicholas Street und Patrick Street Richtung Süden und weiter geradeaus, ändern sich zwar die Namen, aber alles ist eine fortlaufende Durchgangsstraße. Schließlich erreichen Sie den Vorort Rathfarnham. Am Yellow House Pub biegen Sie rechts ab, nach ein Paar Kilometern nochmals rechts, in die Scholarstown Road, dann sofort links. Plötzlich geht es bergauf, und nach etwa fünfzehn Minuten erreichen Sie den Kamm vom Featherbed Mountain, hoch über der Stadt. Sie kommen oben am Glencree Valley vorbei - weit entfernt zum Osten liegt der Great Sugarloaf (**1**). Die Straße ist schmall, und Sie befinden sich jetzt in einer ganz erstaunlichen Wildnis von Bergen, Moorland, Heide und Sumpf. Sie überqueren die kleine Brücke in der Nähe der Liffeyquelle, unterhalb des Kippure Mountains. Bald erreichen Sie die Kreuzung mitten in diesem herrlichen Niergendwo, das den Namen Sally Gap (**2**) trägt. Richtung Osten bringt Sie zurück am Lough Tay (**umseitig**) vorbei, Richtung Westen zum Flachgelände von West Wicklow und Kildare. Halten Sie sich südlich, gelangen Sie in die hohen Berge von Co. Wicklow. Nach einer Weile erreichen Sie Glenmacnass (**umseitig 3**), wo der Avonmore Fluß dramatisch in das Tal hinabstürzt, das ihn herunter nach Laragh führt. In Laragh sind Sie nur gut einen Kilometer von Glendalough entfernt. Diese ganze Fahrt dauert nicht viel länger als eine Stunde.

1

2

3

Jenseits der Stadt

1

Glendalough (**1**) ist die Stätte einer klösterlichen Siedlung aus dem 6. Jahrhundert, komplett mit Rundturm und anderen noch bestehenden Gebäuden an einem herrlichen See in County Wicklow gelegen; es lohnt einen Besuch. Am nördlichen Teil von County Wicklow, in der Nähe von dem Dorf Enniskerry, liegt das prächtige Powerscourt Estate (**2**). Powerscourt wurde 1974 durch Feuer schwer beschädigt, doch wird es jetzt endlich restauriert. Im Nordwesten von Dublin, im Boyne Valley, befinden sich die großen Passagengräber von Newgrange, Knowth und Dowth, von denen Newgrange das berühmteste und best ausgeschachtete ist. Sie gehen auf das Jahr 2500 vor Christus zurück und sind damit so alt wie die Pyramiden. Man sollte vor allem Newgrange (**3**) nicht übergehen. Zum Südwesten der City befindet sich das National Stud (**4**) und die Japanese Gardens (**5**) in der Nähe

3

der Stadt Kildare, das ideale Ziel für einen Tagesausflug. Einige der größten Rennpferde stammen vom National Stud. Die Japanese Gardens gegenüber wurden zunächst im Jahre 1906 von Eito, einem japanischen Gärtner, der von einem hiesigen Grundbesitzer dorthin gebracht wurde, angelegt. Im Herzen der irischen Landschaft sind sie ein einmaliger Genuß.

2

4